© Éditions Petite Plume de carotte
www.plumedecarotte.com

© La Petite Salamandre
www.petitesalamandre.net

Texte et illustrations : Thierry Dedieu

Dépôt légal : octobre 2013
ISBN : 978-2-36154-059-3
Impression : Ercom (Europe), juillet 2013

Loi n° 49-956 du 16 juillet 1949
sur les publications destinées à la jeunesse

Ce livre a été imprimé avec du papier
issu d'exploitation raisonnée des forêts.

Mei Mitsuki

POURKÔA
LES ESCARGOTS ?

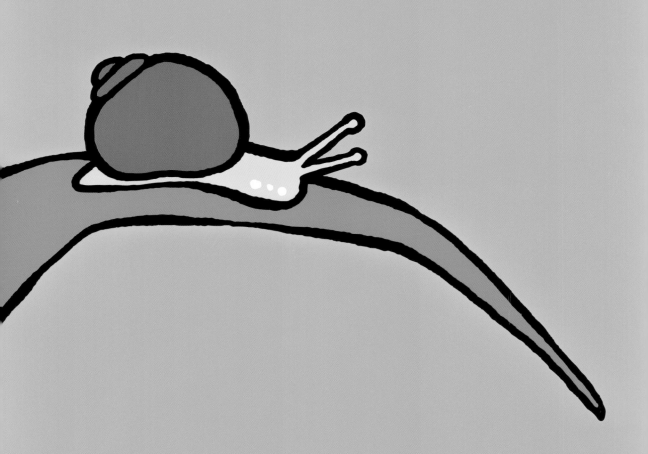

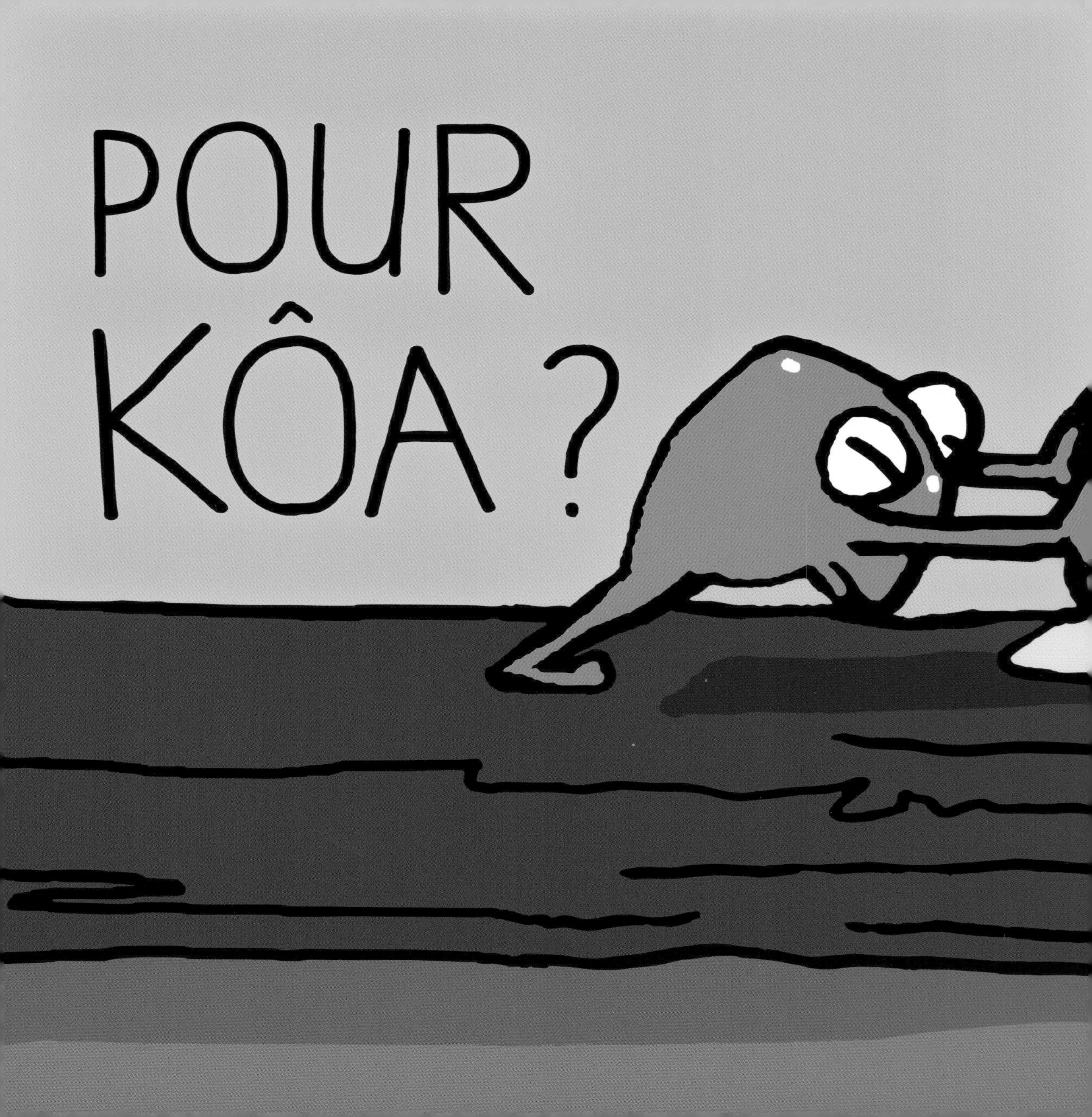
POUR KÔA ?

PEUT-ÊTRE
PARCE QU'ILS COMPTENT
TOUS LES PÉTALES
SUR LEUR CHEMIN ?

OU PEUT-ÊTRE
QU'ILS ONT BEAUCOUP
D'AMIS À SALUER ?

OU ALORS PEUT-ÊTRE
QU'ILS FONT ATTENTION
À NE RIEN RENVERSER
DANS LEUR MAISON ?